Cinc motius pels quals la Isadora Moon t'encantarà...

Coneixeràs la màgica i fantàstica Isadora Moon!

El peluix de la Isadora, el conillet Pinki, ha cobrat vida per art de màgia!

Quina és la teva festa d'aniversari preferida?

La família de la Isadora és ben boja!

I les il·lustracions en rosa i negre són una meravella!

Quin tipus de festa d'aniversari t'agrada més?

A la meva festa preferida
hi havia un munt de hula-hoops
i curses d'obstacles.
(Frankie)

La meva era una festa de pirates,
i va ser genial. Jo tenia un lloro!
Però de mentida, és clar.
(Charlie)

A mi m'agrada quedar-me a
dormir a casa de les meves
amigues i anar al llit molt tard.
(Ava)

A mi m'agrada qualsevol festa
d'aniversari, sempre que
no hi hagi nens!
(Harriet)

Les festes amb jocs musicals
són les millors.
(Lex)

L'any passat el meu pare em
va portar al cine amb el meu
millor amic; va ser la meva
millor festa d'aniversari.
(Sammy)

Arbre genealògic

La meva mare,
la comtessa Cordèlia
Moon

La meva germaneta,
la Flordemel

El meu pare,
el comte Barty Moon

Jo!
la Isadora Moon

El conillet Pinki

Paper certificat pel Forest Stewardship Council®

MIXT
Paper procedent de fonts responsables
FSC® C117695

Per a vampirs, fades i humans de tot arreu!
I per a la Georgina, la meva germana preferida.

Título original: *Isadora Moon Has a Birthday*

Primera edició: febrer del 2017
Quarta reimpressió: juliol del 2020

Printed in Spain – Imprès a Espanya

ISBN: 978-84-204-8644-4
Dipòsit legal: B-26.377-2017

Compost per Javier Barbado
Imprès a Huertas Industrias Gráficas, S.A.
Fuenlabrada (Madrid)

AL 8 6 4 4 4

Penguin Random House Grupo Editorial

ISADORA MOON

Celebra el seu aniversari

Harriet Muncaster

Traducció de Núria Parés Sellarès

ALFAGUARA

Capítol U

Isadora Moon. Aquesta soc jo! I el meu millor amic és el conillet Pinki. Era el meu peluix preferit, i la mare li va donar vida amb la seva vareta màgica. M'acompanya a tot arreu, fins i tot a les festes d'aniversari!

He anat a moltes festes d'aniversari des que vaig començar l'escola. Festes de nens humans! Són molt interessants i molt diferents de les festes que fem a casa. Jo només havia anat a festes de vampirs o de fades abans de conèixer els meus amics humans perquè la mare és una fada i el pare és un vampir. Sí, de debò!

I sabeu en què em converteix això?

En una fada vampir!

Soc una mica totes dues coses alhora. Al principi no sabia ben bé on encaixaria, però llavors vaig anar a l'escola de nens humans i vaig descobrir que tothom és una mica diferent i que així és tal com ha de ser.

M'ho he passat especialment bé anant a les festes d'aniversari dels meus amics humans. Són totes ben diferents! Per això em feia molta il·lusió que arribés el meu aniversari. Volia organitzar la meva, també.

—Espero que facis una festa de vampirs tradicional pel teu aniversari —va dir el pare.

—Mmm —vaig contestar.

No m'acabava de fer el pes la idea d'una festa de vampirs. Tenia la sensació que espantaria els meus amics. Una festa de vampirs sempre se celebra a la mitjanit, has d'anar vestit molt elegant i portar els cabells ben clenxinats. Els vampirs són molt primmirats amb el seu aspecte. Els agrada fer jocs de vol i sortir disparats cap al cel a la velocitat de la llum. Les meves ales no poden volar tan de pressa perquè només són per aletejar, com les ales de les fades. Als vampirs també els agrada servir menjar de color vermell i begudes vermelles a les seves festes. I jo odio el menjar vermell.

—I què et semblaria una bonica festa tradicional de fades? —va suggerir la mare—. Seria fantàstic!

Vaig recordar la festa de fades que la mare em va organitzar quan vaig fer quatre anys. Era una festa aquàtica. Com que a les fades els encanta la natura, vam anar a un rierol enmig del bosc. Feia molt de fred i l'aigua estava plena d'algues i de peixos.

«És tan revitalitzant!», va exclamar la mare, quan va saltar al rierol amb les altres fades convidades.

Jo em vaig quedar tota l'estona quieta a dins de l'aigua i tremolant, amb el conillet Pinki enfilat dalt d'una roca. No suporta mullar-se.

—Em sembla que prefereixo fer una festa d'humans, com els meus amics de l'escola —vaig dir als meus pares—. Són molt més divertides.

—Impossible —va dir el pare—. No hi ha res més divertit que una festa de vampirs. Pensa en el deliciós menjar vermell!

—Doncs jo crec que una altra festa aquàtica seria meravellosa —va dir la mare, que ja s'hi trobava—. I després, podríem encendre un foc de camp i fer corones de floretes.

—Però és que jo prefereixo una festa d'humans… —vaig dir—. Si us plau. S'hi fan un munt de coses divertides!

—Quina mena de coses divertides? —va preguntar la mare, desconfiada.

—Mira, la setmana passada, a la festa de la Zoe, tothom havia de portar un vestit de fantasia. En diuen disfressa.

—Ah, per això portaves aquelles orelles rosa de conillet —va dir el pare.

—És que em vaig disfressar de conillet Pinki! —vaig dir—. I en Pinki es va disfressar de mi. Va ser molt divertit. Vam menjar pastís i gelat, ens van donar bosses d'aniversari i vam jugar a passar el paquet.

—A passar el què? —va preguntar la mare.

—El paquet! —vaig dir—. Mira, es fa una rotllana i els nens es passen un regal, que es va desembolicant seguint la música, i al final hi ha una sorpresa!

—Caram, que estrany —va dir la mare—. I què és una bossa d'aniversari?

—És una bosseta que dones als convidats al final de la festa —vaig explicar—. Està plena de regalets petits, i també hi ha un tall del pastís d'aniversari embolicat amb un tovalló de paper.

—Vaja, no sabia que els humans mengessin tovallons de paper —va dir el pare.

—La setmana abans, a la festa d'aniversari de l'Oliver —vaig continuar—, vam jugar en un castell inflable i va venir un mag.

—Això del mag sembla divertit —va dir la mare, que ja es començava a animar.

—Era un mag de mentida —vaig dir de seguida—. No feia màgia de debò com tu amb la vareta.

La mare va fer cara de no entendre res.

—Per què no? —va preguntar.

Vaig arronsar les espatlles.

—No ho sé, és tal com ho fan a les festes dels humans.

—Trobo que tot plegat és molt curiós —va dir el pare.

—M'agradaria molt fer una festa d'aniversari com les dels nens humans, de debò —vaig dir amb el meu somriure més angelical.

El pare i la mare van sospirar.

—Molt bé... d'acord —va dir la mare.

—Potser sí que podríem provar d'organitzar una festa d'aniversari d'humans, aquesta vegada —va afegir el pare.

En Pinki i jo ens vam posar a saltar d'alegria.

—Gràcies! Gràcies! —vaig cridar.

En Pinki no pot cridar, però no parava de bellugar les potetes de tan content que estava.

Quan va arribar l'hora de planificar la meva festa d'aniversari, el pare i la mare semblaven molt ben organitzats.

—Tu deixa'ns fer a nosaltres —van dir—. No necessitem ajuda.

—Esteu segurs que sabeu què esteu fent? —vaig preguntar neguitosa.

—Oi tant! —va exclamar el pare—. Hem fet una llista de totes les idees: passar el paquet, mag, pastís, globus, regals, castell inflable, disfresses, bosses d'aniversari...

—Serà la millor festa d'aniversari que hagis vist mai! —va dir la mare.

—També s'han de fer invitacions —vaig dir—. Sobretot, no us oblideu de les invitacions.

El pare va arrufar el front i es va gratar el cap. Tot seguit, va escriure «invitacions» al final de la llista.

★ ★ ★

L'endemà, a l'escola, mentre fèiem classe de mates, tot d'una es va començar a sentir un fort soroll d'aleteig a fora.

—Ai caram, què és això? —va dir la senyoreta Cirereta, que va córrer a mirar per la finestra.

Tot d'una, va aparèixer volant un eixam de sobres amb petites ales de ratpenat que picaven a les finestres per poder entrar.

—Oh, Déu meu! —va exclamar la senyoreta Cirereta.

Em vaig posar tota vermella de vergonya.

—Deixem-los entrar! —va cridar l'Oliver—. A veure què són!

—No, si us plau, que no entrin! —va xisclar la Samantha, espantada, mentre s'amagava darrere la taula.

Els sobres van continuar picant contra els vidres, fins que un va trobar una finestra oberta i va fer un senyal per avisar els altres.

Van entrar tots volant i aletejant i van aterrar un per un a les taules dels meus amics.

—És una invitació! —va cridar l'Oliver, que de seguida va obrir el sobre.

—A una festa d'aniversari! —va xisclar la Zoe—. A casa de la Isadora!

—I és de disfresses! —va cridar algú altre—. M'encanten les festes de disfresses!

Tots els nens es van posar a xerrar animadament, però la senyoreta Cirereta no semblava pas gaire contenta. De fet, ara que ja s'havia refet de l'ensurt, més aviat semblava una mica empipada.

—Isadora —va dir—. No està gens bé muntar una escena així a mitja classe.

Em vaig enfonsar a la cadira desitjant desaparèixer.

—Ho sento —vaig xiuxiuejar.

Aquella tarda, quan vaig arribar a casa, vaig entrar disparada a la cuina, on el pare i la mare estaven atrafegats preparant ornaments per a la festa.

—M'heu ficat en un bon embolic, enviant aquelles invitacions de ratpenat —els vaig dir.

El pare em va mirar molt sorprès.

—Caram, però si eren genials —va dir—. Has vist quina lletra més bonica que hi he fet?

—Els han agradat als teus amics? —va preguntar la mare.

—Bé, sí... —vaig dir—. Però no eren unes invitacions com les que fan els humans.

—Ah, no? —va preguntar la mare.

—No! —vaig contestar—. Les invitacions dels humans les reparteixes tu mateix i no tenen ales.

—Ai, que avorrit —va dir el pare, que estava plantant estrelles en una pancarta en què posava «PER MOLTS ANYS».

—A veure, esteu organitzant una festa d'aniversari com les dels humans, oi? —vaig preguntar amoïnada.

—Sí —va respondre el pare—. No pateixis, Isadora. Ho tenim tot controlat. —Va assenyalar la seva llista d'idees—.

Estem seguint les teves instruccions al peu de la lletra.

Vaig tornar a clavar una ullada a la llista. «Passar el paquet, mag, pastís, globus, regals, castell inflable, disfresses, bosses d'aniversari.» Les invitacions ja es podien esborrar de la llista.

—Molt bé —vaig dir, una mica més tranquil·la—. Però no cal, tot això. A la majoria de festes d'humans, només n'hi ha una o dues, de coses d'aquestes.

—És clar —va dir el pare, amb aire absent.

Em vaig preparar un sandvitx de mantega i melmelada i vaig pujar a la meva habitació de la torreta.

Capítol DOS

El matí del meu aniversari em vaig llevar d'hora i molt contenta. A fora, el sol brillava i els ocells refilaven. Vaig sacsejar en Pinki perquè es despertés.

—Avui és el gran dia! —li vaig dir.

Vaig saltar del llit i vam volar tots dos escales avall.

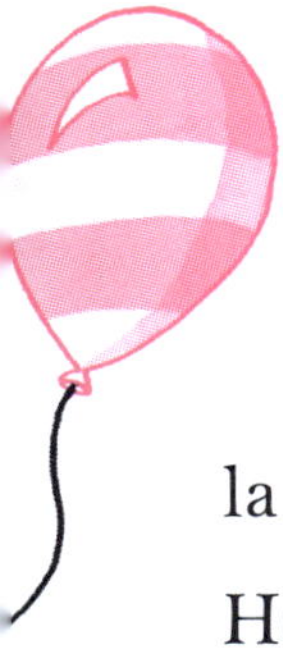

El pare, la mare i la meva germaneta, la Flordemel, eren a la cuina esperant-me. Havien parat la taula per esmorzar, i al meu lloc hi havia un regal embolicat de color rosa amb un llaç brillant.

—Per molts anys, Isadora! —van cridar el pare i la mare junts. Estaven asseguts a taula, somrient. La mare s'havia preparat un bol de iogurt de nèctar de flors amb mores, i el pare ja s'estava bevent el seu suc vermell. Als vampirs els encanta el suc vermell. La Flordemel estava asseguda a la trona, molt contenta, i no parava de bellugar en l'aire el biberó de llet rosa.

Vaig seure al meu lloc.

—Puc obrir el regal? —vaig preguntar, emocionada.

—És clar que sí! —va dir la mare—. Aquest any només en tens un, perquè és un regal molt i molt especial.

Vaig agafar el paquet i ja estava a punt de començar-lo a desembolicar quan…

DING-DONG!

La mare em va prendre el regal de les mans i es va aixecar d'un salt.

—Deu ser el cosí Wilbur! —va dir—. Ha arribat molt d'hora. Val més que no vegi el regal de la Isadora perquè li farà molta enveja.

Va guardar el regal a l'armari de sota l'aigüera i va córrer a obrir la porta.

—L'hauràs d'obrir després, bonica —va dir el pare, una mica decebut.

Tot seguit, va aparèixer el cosí Wilbur a la cuina. Duia una capa negra molt llarga estampada d'estrelles platejades i un barret punxegut al cap.

En Wilbur és un mag. Bé, gairebé un mag. És un aprenent de mag i també un manaire saberut. Es pensa que ho sap tot perquè és més gran que jo.

—Per molts anys, Isadora —va dir. Llavors va inflar el pit i va alçar el nas tot cofoi.

—Soc el mag de la teva festa —va explicar—. El Gran Wilbur!

—Però… —vaig començar a dir.

—He preparat uns trucs magnífics —va continuar en Wilbur—. Els teus amics quedaran superimpressionats.

—Ets molt amable de venir-nos a ajudar per a la festa de la Isadora —va dir la mare.

—Sí, gràcies —va dir en Wilbur.

Vaig arrufar el front.

—Però en Wilbur és un mag de debò —vaig replicar—. I el mag de la festa se suposa que només ha de fer màgia de mentida.

El pare, la mare i en Wilbur em van mirar estranyats.

—Això és una ximpleria —va dir en Wilbur—. A veure, un mag humà pot fer això?

Es va treure el barret i el va aguantar davant seu. Tot seguit, va pronunciar una paraula molt llarga i complicada, va ficar la mà a dins del barret i...

—AAAUUUUUU! —va cridar—. Deixa'm anar!

De la punta del dit d'en Wilbur, aguantant-se amb les dents, en penjava un gran conill blanc. En Wilbur va començar a sacsejar el braç per fer caure el conill.

—DEIXA'M ANAR! —va cridar.

En Pinki es va tapar els ulls amb les potes, i la Flordemel es va posar a plorar. La mare va agafar la vareta de sobre la taula, la va agitar i el conill blanc va desaparèixer immediatament.

En Wilbur va continuar sacsejant el braç i cridant una bona estona abans no es

va adonar que el conill ja havia desaparegut, i llavors es va posar tan vermell com el dit adolorit.

—Ehem —va fer—. Potser l'hauria de practicar una mica més, aquest truc.

—Sí, crec que seria una bona idea —va dir el pare, atabalat—. Per què no assages una mica abans que arribin els convidats?

—No trigaran gaire —va dir la mare, mirant el rellotge—. Hem preparat moltes activitats i vam demanar a tothom que vingués d'hora. Isadora, ja et pots anar a posar la teva disfressa!

Em vaig notar un pessigolleig d'emoció a la panxa. Ja s'acostava l'hora de la festa! Vaig agafar en Pinki per la poteta i vam pujar corrents cap a dalt. Mentre em posava la disfressa, em vaig començar a posar una mica nerviosa. Què pensarien els meus amics de la meva família? Els semblaria molt estranya? Fins ara, cap dels meus amics havia conegut de debò el pare i la mare. I què pensarien del cosí Wilbur? Només esperava que no es fes massa el presumit, avui.

—Estàs encisadora! —va exclamar el pare, quan vaig baixar amb la disfressa posada—. Sembles ben bé un ratpenat!

Estava molt satisfeta de la meva disfressa. El pare m'havia ajudat a fer-la la nit abans. Duia una diadema amb unes orelles de vellut negre, un vestit negre amb la vora de punxes i fins i tot unes sabates negres de ratpenat en forma d'urpes. Vaig fer unes quantes voltes pel rebedor amb en Pinki fins que…

DING, DONG!

Va arribar el primer convidat! Era la Zoe. Duia una disfressa de gat negre i s'esperava davant de la porta amb la seva mare.

—Per molts anys, Isadora! —va dir, i em va donar un regal embolicat amb un gran llaç de color rosa.

—Gràcies, Zoe! —vaig dir de sobte tan contenta que em semblava que explotaria de felicitat.

La mare de la Zoe es va quedar mirant el rebedor tota encuriosida.

—Veig que els teus pares també s'han disfressat, Isadora —va dir—. Que divertit! La teva mare porta un vestit de fada preciós. Les ales semblen de debò! I quina feinada a decorar tan bé tota la casa! Aquest canelobre amb ratpenats és un detall perfecte per a la festa.

—Bé, no és pas només per a la festa… —vaig començar a explicar, però la mare de la Zoe estava distreta mirant l'hora al rellotge.

—Me n'he d'anar —va dir—. Després et vindré a buscar, Zoe! —Li va fer un petó a la galta i va marxar de pressa pel caminet del jardí.

Llavors va arribar l'Oliver, disfressat de vampir.

—Fantàstic! —va dir el pare quan va veure el vestit de l'Oliver—. No sabia que haguessis convidat vampirs, Isadora.

—És que no ho és pas de debò… —vaig començar a dir.

—Vaig a buscar una mica de suc vermell per a aquest noiet —va dir el pare, i va marxar corrents cap a la nevera.

Van tornar a trucar a la porta i va anar a obrir la mare. La tímida Samantha era a la porta disfressada de fada.

—Oooh! —va exclamar la mare—. No m'ho havies dit que havies convidat fades, Isadora! És fantàstic! Podrem parlar de coses de la natura! —Va agafar la mà de la Samantha i la va acompanyar cap a la cuina.

★ ★ ★

Quan van haver arribat tots els meus amics, vam anar a la sala d'estar. El pare i la mare l'havien decorat molt bé. Hi havia estrelles platejades penjant del sostre i globus negres i rosa a terra. Tots els meus amics van quedar impressionats. Alguns van començar a córrer per la sala i a jugar amb els globus. Tothom estava content.

«Potser la meva festa serà tan divertida com les dels humans!» vaig pensar.

Capítol TRES

—És hora de jugar a passar el regal! —va anunciar el pare, que s'havia posat unes elegants ulleres de sol per protegir-se els ulls de la claror del matí. Era molt d'hora per a ell per estar llevat. Normalment, els vampirs dormen tot el dia—. Tots sabeu les regles del joc, oi?

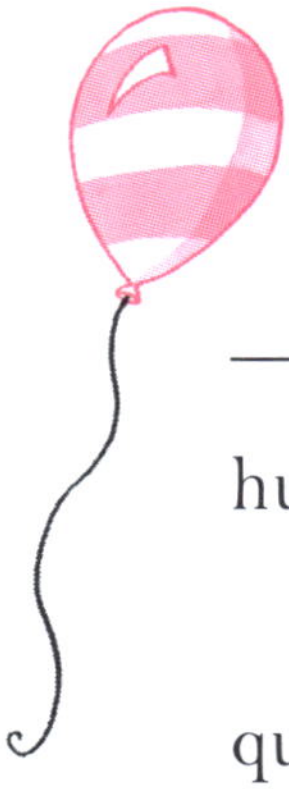

—va cridar—. És clar que sí, sou humans!

Llavors es va treure un gran paquet que tenia amagat a l'esquena.

—Seieu tots en rotllana, si us plau! —va dir.

Els meus amics i jo ens vam col·locar fent una rotllana a terra, i el pare va donar el paquet a un dels nens.

—Té, ara ja el pots passar —va dir el pare.

Ens vam començar a passar el paquet al voltant de la rotllana, però hi faltava alguna cosa.

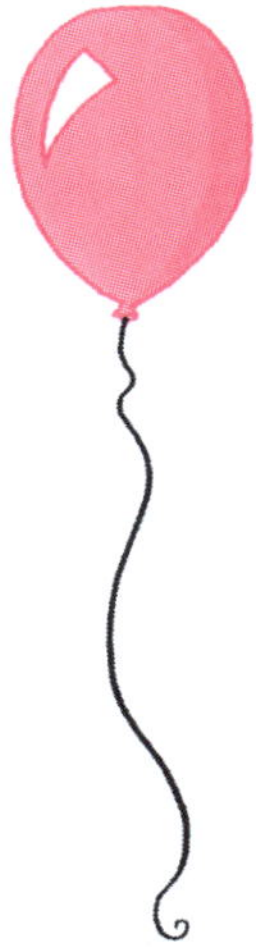

—Música! —vaig xiuxiuejar al pare—. Necessitem música!

—Música, és clar! —va cridar el pare a la mare.

Llavors, la mare va obrir la boca i va començar a cantar una cançó de fades que semblava el dring-dring d'unes campanetes. Vaig notar que em posava vermella de vergonya. Alguns dels meus amics es van posar a riure.

—Molt bé! —va dir el pare—. Aneu-vos passant el regal, vinga!

El paquet va anar donant voltes per la rotllana. I vinga voltes i més voltes! Em vaig començar a preguntar quan pararia de cantar la mare. Ja estava a punt de tornar a avisar el pare quan, de cop i volta, es va produir una gran explosió.

—SORPRESA! —va cridar el pare quan el regal va esclatar a les mans de l'Oliver i en van sortir uns focs artificials. Guspires brillants de color rosa i estrelles espurnejants

s'arremolinaven i s'escampaven per tota l'habitació.

—Oh, no! —vaig dir a en Pinki.

Però als meus amics no es veia pas que els molestés. Més aviat va semblar que els agradava, perquè es van aixecar i van començar a ballar amb la cançó de la mare sota aquella pluja de guspires resplendents.

—Ès preciós! —exclamava la Zoe mentre intentava atrapar una estrella fugaç.

—És màgic! —cridava la Sashi.

Tothom va ballar fins que les guspires es van apagar i la mare va deixar de cantar.

—Molt bé, ara és l'hora del mag! —va anunciar el pare mentre obria la porta a en Wilbur, que va entrar fent voleiar la seva capa d'estrelles.

—De fet, soc el Gran Wilbur —va corregir en Wilbur—. Vejam, ja podeu seure tots —ens va ordenar—. Avui us ensenyaré un truc meravellós. Hi ha cap voluntari que es vulgui convertir en una capsa de granotes?

Vaig sospirar, resignada. Un nen de la classe que es diu Bruno va alçar la mà, i en Wilbur li va fer un gest perquè se li acostés.

En Wilbur es va arremangar les mànigues, va tancar els ulls i va inflar el pit fent-se l'important. Després va assenyalar en Bruno amb el dit.

—Allikazambanana! —va dir.

Es va sentir un BUM molt fort i vam veure un núvol de fum rosa.

En Bruno va desaparèixer, i al seu lloc hi havia una gran capsa de cartró. A dintre, se sentien unes granotes raucant molt fort.

—UAU! —van exclamar tots els meus amics—. ÉS INCREÏBLE!

—És com màgia de debò! —va dir l'Oliver.

Ens vam quedar mirant com les

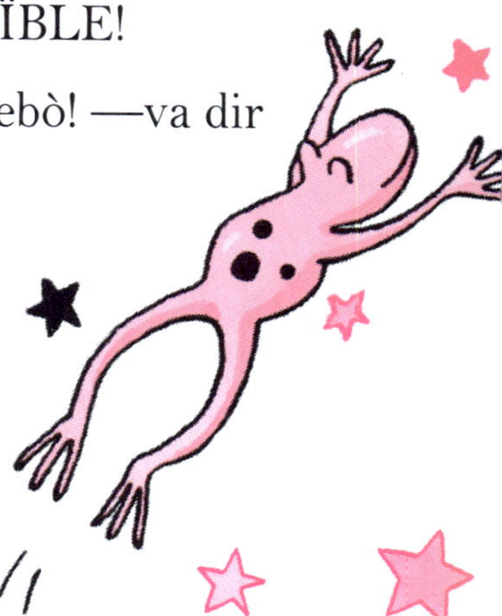

granotes sortien
saltant de la capsa.
En Wilbur estava molt
satisfet d'ell mateix.

—Mireu-les! —va xisclar la Zoe, mentre les granotes saltaven per tota la sala.

—Ecs —va dir la Samantha—, no suporto les granotes llefiscoses.

—Què més? —va preguntar en Wilbur—. Voleu veure com trec un conill del barret?

Tothom va aplaudir, excepte en Pinki, que semblava molt amoïnat.

En Wilbur es va posar uns guants gruixuts.

—Me'ls poso per si em mossega —va dir, picant l'ullet al públic, i tothom es va posar a riure.

—Wilbur —vaig dir, preocupada—. Què passa amb en Bruno?

—Què vols dir? —va dir en Wilbur, mentre ficava la mà enguantada a dins del barret.

—No l'hauries de tornar a fer aparèixer? —vaig preguntar.

En Wilbur em va mirar sorprès.

—Oh —va dir—. Sí, bé… És clar que sí.

Va treure la mà del barret i en va sortir amb una rata blanca i peluda.

—Això no és un conill! —va cridar l'Oliver, rient—. És una rata!

De fet, tots els meus amics es petaven de riure. En Wilbur els semblava divertidíssim.

—Ai —va dir en Wilbur, decebut—. És veritat.

—WILBUR! —vaig cridar—. Has de tornar a convertir en Bruno en un nen.

—D'acord, d'acord —va contestar ell, rondinant—. Però primer heu de caçar totes les granotes. Si us en deixeu alguna, en Bruno podria aparèixer sense una orella o sense alguna altra cosa.

Dit i fet, els meus amics i jo vam començar a aplegar totes les granotes.

—No podem pas fer tornar en Bruno a casa seva només amb una orella! —vaig somicar.

—No patiu, jo us hi ajudo! —va dir la mare, alçant la vareta. Però en Wilbur no volia gens d'ajuda.

—No, no —va dir—. Ho puc fer jo sol!

Finalment, vam aconseguir ficar totes les granotes a dins de la capsa. Tots miràvem en Wilbur amb expectació. Se'l veia una mica nerviós.

—No vull que em mireu —va ordenar—. Em feu distreure.

En Wilbur es va girar d'esquena i va alçar els braços una estona. Mentrestant, nosaltres esperàvem. Es van sentir uns quants cops forts i tot es va omplir de fum, però finalment va aparèixer en Bruno.

—Rauc-rauc —va dir.

—Ui! Un moment —va dir en Wilbur.

Va tornar a fer moviments amb les mans i va pronunciar més paraules màgiques.

En Bruno va parpellejar, una mica desorientat, però aquesta vegada quan va obrir la boca li van sortir paraules en comptes de raucs.

—Ha sigut al·lucinant! —va exclamar.

Vaig fer un sospir d'alleujament.

—Uf, quina sort! —va dir el pare, que va entrar disparat a la sala—. Crec que ja és hora de passar a l'activitat següent.

—Però si encara no he acabat el meu espectacle, oncle Barty! —va rondinar en Wilbur, empipat.

—A mi em fa l'efecte que sí —va dir el pare amb fermesa—. Ara anirem a jugar al castell inflable.

Em vaig animar de seguida. Un castell inflable! Ara sí que res no podia anar malament. Encara era possible que la meva festa fos realment com les dels humans.

Capítol QUATRE

Tots vam seguir el pare i la mare cap al jardí del darrere. Un cop allà, la mare va apuntar la vareta cap amunt. Un fil platejat va sortir disparat de la punta i es va cargolar en un dels núvols flonjos que hi havia al cel. Llavors, la mare el va estirar suaument cap avall i el va enganxar a l'herba.

—Els núvols són uns castells inflables magnífics —va dir a tothom—. A més, són molt tous i esponjosos.

Vaig arrugar el front. M'hauria d'haver imaginat que un castell inflable d'humans era demanar massa.

Però als meus amics no va pas semblar que els molestés. Al contrari, estaven tots ben sorpresos i emocionats. Feien uns ulls com unes taronges.

—Vinga, ja us hi podeu enfilar —va dir la mare—. Tothom a saltar! Mentrestant, el pare i jo anirem a dintre a posar les espelmes al pastís d'aniversari.

La Zoe va ser la primera de treure's les sabates i saltar dalt del núvol.

—És molt suau! —va exclamar, mentre saltava amunt i avall—. Mireu que amunt que salto!

Al cap d'un moment, tots els meus amics eren damunt del núvol, saltant i rient. No semblava pas que res pogués anar malament aquesta vegada, de manera que vaig decidir afegir-m'hi. Em vaig treure les sabates i em vaig enfilar al núvol.

—Visca! —vaig cridar.

Tot d'una, em sentia molt feliç. Tothom s'ho estava passant la mar de bé. Fins i tot la Samantha! Era tan divertit com una festa d'humans!

—És com volar! —va xisclar l'Oliver.

Mentre saltàvem cada cop més enlaire i rèiem i xisclàvem, vaig veure que en Wilbur sortia al jardí, s'acostava al núvol i se'ns quedava mirant.

—Voleu que el faci més tou encara? —va preguntar—. Com que abans no he pogut acabar el meu espectacle, he pensat que ara us podria fer una mica més de màgia.

—Sí, sí! —van cridar els meus amics—. Fes més màgia, si us plau!

Vaig parar de saltar de cop i vaig baixar del núvol cap a l'herba.

—Em sembla que no és una bona idea, Wilbur... —vaig començar a dir.

—Per què no? —va preguntar en Wilbur—. Serà molt més divertit si és més tou. Va, deixa'm fer una mica de màgia.

Es va arremangar les mànigues d'estrelletes i va començar a fer moviments amb els braços.

—Kabuuummmska! —va dir, i li va sortir una pluja de guspires dels dits.

El núvol va tremolar una mica i els meus amics van començar a saltar cada vegada més amunt.

—Uau! —va cridar en Bruno—. És increïble! És molt flonjo! Mireu-me!

—Ho veus? —va dir en Wilbur—. És molt més divertit! —Va encreuar els braços i se'm va quedar mirant—. Au, ara relaxa't, Isadora —va dir.

Però jo no em podia relaxar. Hi havia alguna cosa que no anava a l'hora. El núvol no parava de bellugar-se i tremolar. No podria aguantar tots aquells salts.

—Baixeu tots! —vaig cridar molt espantada quan vaig veure que el núvol es començava a desprendre de les fixacions de terra. Però ningú em va fer cas. S'estaven divertint massa. Llavors vaig estirar en Wilbur per la màniga.

—Mira! —li vaig dir—. Està a punt de sortir volant!

—Apa, com vols que surti volant! —va dir en Wilbur, posant els ulls en blanc.

—Que sí! —vaig insistir i vaig assenyalar les fixacions clavades a l'herba. Una per una, van anar saltant i el núvol es va començar a enlairar cap al cel.

—Oh —va fer en Wilbur, amb cara de pànic—. Ups!

—Ja t'ho deia, jo! —vaig dir, empipada.

I ens vam quedar mirant el núvol, que s'enfilava cada vegada més amunt.

—Fes-hi alguna cosa! —vaig cridar a en Wilbur.

—No sé fer baixar un núvol des del cel! —va contestar ell—. Això no ho aprendré fins al trimestre que ve a l'escola de mags.

—Vaig a buscar la mare. Tu queda't aquí i no et moguis! —vaig cridar.

Vaig córrer cap a la cuina, on el pare estava posant les últimes espelmes en un enorme pastís d'aniversari.

—Caram, Isadora, se suposa que encara no pots veure el pastís! —va dir.

—És una emergència! —vaig exclamar—. On és la mare?

—Ha hagut de pujar a dalt un moment —va dir el pare—. La Flordemel s'ha posat a plorar perquè volia una mica de llet rosa.

—Oh, no, oh, no! —vaig xisclar.

—Què passa? —va preguntar el pare.

Estava a punt d'explicar-l'hi, però llavors vaig veure el que em feia falta a sobre la taula de la cuina: la vareta de la mare. La vaig agafar i vaig córrer de nou cap a fora. En Wilbur era al mateix lloc on l'havia deixat, mirant al cel.

—És allà —va dir, assenyalant un puntet al lluny. No podia perdre més temps. Vaig batre les ales i em vaig enlairar.

Vaig volar tan de pressa com vaig poder —més que mai—, però tot i així vaig trigar una bona estona a atrapar el núvol. Finalment, m'hi vaig acostar prou per poder sentir les veus dels meus amics. Ara ja havien parat de saltar. Estaven tots asseguts ben quiets i molt espantats.

Alguns estaven estirats de panxa a terra i treien el nas per la vora del núvol. Miraven cap a la terra, a quilòmetres de distància, amb els ulls esbatanats. En Pinki s'havia tapat els ulls amb les potetes.

—Isadora! —va cridar la Zoe, quan vaig aterrar suaument sobre el núvol

i vaig seure per recuperar l'alè—. Ens pensàvem que no vindries mai!

—Ens creiem que estaríem perduts al cel per sempre més! —va dir l'Oliver.

En Pinki se'm va acostar fent saltirons i es va agafar ben fort a les meves cames.

—Ho sento —vaig dir—. És culpa del meu cosí, en Wilbur. No hauria d'haver fet màgia amb el núvol.

—Però ara que tu ets aquí, ja estem salvats, oi? —va preguntar la Samantha.

Jo no n'estava pas tan segura —només sóc fada a mitges, i la vareta màgica no és el meu punt fort, precisament—, però em vaig obligar a somriure, com si allò d'estar

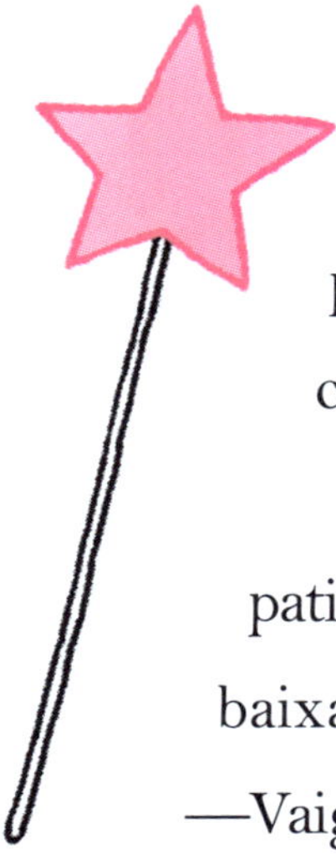

penjat dalt d'un núvol al mig del cel fos la cosa més normal del món.

—Oi tant que sí —vaig dir—. No patiu, que trobaré la manera de fer-vos baixar. Tinc la vareta de la meva mare. —Vaig alçar la vareta enlaire i l'estrella rosa va brillar amb la llum del sol.

—Fantàstic! —va dir l'Oliver—. Així segur que estem salvats!

Llavors vaig tancar els ulls, molt nerviosa. No estava gens segura de ser capaç de fer baixar el núvol i tots els meus amics fins a terra, però ho havia de provar.

Em vaig imaginar el núvol surant suaument i baixant cap a terra. Vaig agitar la vareta i vaig obrir els ulls.

No va passar res.

«Ai, ai», vaig pensar, angoixada. Vaig tancar els ulls per tornar-ho a provar. Aquesta vegada, em vaig concentrar més intensament en el núvol. Em vaig imaginar que baixava, baixava, baixava… Vaig agitar la vareta tan fort com vaig poder.

Però quan vaig tornar a obrir els ulls, tampoc no havia passat res.

—Ai, ai —vaig dir en veu alta.

—Què passa? —va preguntar la Samantha amb un fil de veu.

—No sé pas si me'n sortiré —vaig dir amb sinceritat—. Això és màgia de debò, i jo només sé fer petits trucs amb la vareta. A més... els encanteris no sempre em surten bé...

Vaig recordar la vegada que, a l'escola de fades, vaig intentar fer aparèixer un pastís de pastanaga, i l'únic que vaig aconseguir va ser una pastanaga amb ales de ratpenat que va començar a volar per la classe i va provocar un enrenou.

—Ostres —va dir la Samantha, espantada—. I com ho farem per baixar?

—Hem de pensar una altra manera —va dir la Zoe—. Segur que hi ha una altra manera.

La Samantha va tancar els ulls ben fort, com si estigués pensant intensament. Després els va obrir i ja no semblava tan espantada.

—Sabeu què em diu sempre la meva mare? —va dir—. Doncs que a vegades les coses petites són les més importants. Per tant, potser només cal una mica de màgia per sortir d'aquest embolic. Hem de pensar un encanteri que tu SÀPIGUES fer!

I es va assenyalar les ales de fada de la disfressa.

—Pots fer que aquestes ales siguin de debò? —va preguntar.

Vaig mirar les ales. Eren molt petites comparades amb el núvol.

—Ho puc intentar —vaig contestar.

La Samantha va donar una ullada a tots els amics asseguts al núvol i també a

les boniques disfresses. Llavors va assenyalar en Bruno, que duia un vestit de drac.

—Creus que també podries fer reals les ales de drac d'en Bruno? —va preguntar.

Vaig mirar les ales de roba cosides a l'esquena de la disfressa d'en Bruno.

—Potser sí! —vaig dir, una mica més animada—. Sí, crec que això ho sabré fer!

—Perfecte, doncs tinc una idea —va dir la Samantha—. Fixa't qui de nosaltres té ales a la disfressa: en Bruno en té de drac; jo, de fada; la Sashi en té de papallona; l'Oliver té la capa, i tu, és clar, tens ales de debò!

Si amb una mica de màgia pots fer reals totes aquestes ales, la meitat de nosaltres podrà volar...

—I llavors podrem ajudar els altres a tornar cap al meu jardí! —vaig exclamar—. Samantha, ets un geni! —Li vaig fer una abraçada molt forta i es va posar tan vermella com els cabells de la mare—. Vinga, provem-ho.

Vam començar amb en Bruno. Vaig apuntar la vareta de la mare cap a les

petites ales de drac i em vaig imaginar que cobraven vida.

Al principi no va funcionar. Les ales només van canviar de color i es van omplir de puntets, però al cap d'uns quants intents, van fer una sacsejada i van començar a aletejar. En Bruno es va enlairar immediatament.

—Uau! —va exclamar—. Mireu-me!

Després ho vaig provar amb la disfressa de fada de la

Samantha. Només em van caldre dos intents perquè les seves ales es comencessin a bellugar.

—Aiii! —va xisclar la Samantha mentre s'enlairava lleument.

—Funciona! —va cridar la Zoe, emocionada, tot i que em va semblar que estava una mica gelosa perquè ella no havia triat una disfressa amb ales.

Ara que ja havia agafat un bon ritme amb la vareta, els últims dos encanteris van ser molt fàcils, i l'Oliver i la Sashi es van enlairar amb crits d'emoció.

—Molt bé —vaig dir—. Ara ens hem d'ajudar entre tots. Els que poden volar han de donar la mà als que no poden fer-ho.

Vaig agafar la Zoe amb una mà i la poteta d'en Pinki amb l'altra. I al cap d'un moment, ja estàvem tots surant en l'aire.

—Hem d'anar ben junts —vaig dir als meus amics.

—Tinc por! —va dir la Samantha, que mirava cap avall amb cara d'espantada. Tot es veia molt lluny. Les cases i els arbres eren minúsculs, com si fossin una maqueta.

—No pateixis, Samantha —la vaig tranquil·litzar—. Volar és molt divertit!

—Sí, és divertidíssim! —va exclamar en Bruno—. Tant de bo pogués fer-ho sempre!

—A mi M'ENCANTA volar! —va cridar l'Oliver.

I tots junts ens vam anar allunyant a poc a poc del núvol. A sota no hi teníem res. Només aire. És clar que jo ja hi estic acostumada, però els meus amics no.

—Aiii! —va xisclar la Samantha.

—Uau! —va exclamar l'Oliver.

Vaig assenyalar una taca negra i rosa que es veia a la llunyania.

—Mireu —vaig dir—, allò és casa meva! Hem d'anar cap allà. Vinga, seguiu-me!

Em vaig posar al capdavant del grup, amb la Zoe i en Pinki. Flap-flap-flap, feien les meves petites ales de ratpenat.

—Veig l'escola —va dir la Zoe—. Fixa't, i allò és el parc! Tot es veu molt diferent des d'aquí dalt.

—Sí! Tot molt petit! —va dir la Sashi.

Ja ens acostàvem a casa. Distingia la finestra de la torre de la meva habitació. Al jardí es veien tres puntets que es movien: el pare, la mare i en Wilbur. Miraven amunt i movien els braços. De cop i volta, dos dels puntets van sortir disparats cap a nosaltres.

—Ai, senyor —va dir la mare, quan va arribar on érem—, estàvem tan amoïnats!

—MOLT amoïnats —va afegir el pare—. No sabíem cap on se n'havia anat el núvol. Quan hem sortit al jardí, ja havia desaparegut!

—Sí, havia desaparegut completament! —va dir la mare—. Ai, que contenta que estic que estigueu tots bé.

Vam anar tots volant fins al jardí i vam aterrar suaument a l'herba.

—En Wilbur ens ha explicat què ha passat —va dir el pare, llançant una mirada severa al meu cosí—. Has sigut molt valenta d'anar a rescatar els teus amics, Isadora.

—No ho he fet jo sola —vaig dir—. M'hi ha ajudat la Samantha. Si no hagués estat per la seva brillant idea, encara estaríem atrapats al núvol. La Samantha ens ha salvat a tots.

—Que bé —va dir la mare—. Doncs moltes gràcies, Samantha! Vinga, tres visques per la Samantha!

Tots la vam aclamar, i la Samantha es va tornar a posar vermella com un tomàquet. Però se la veia molt orgullosa i satisfeta.

—De fet, potser no ha estat gaire bona idea fer servir un núvol com a castell inflable —va dir la mare—. Crec que m'he emocionat massa. Ho sento. Hauria d'haver encarregat un castell inflable normal i corrent. La propera vegada ho faré.

—NO! —van cridar els meus amics.

—El núvol és molt més divertit —va dir la Sashi.

—No, a partir d'ara intentarem ser més normals —va afegir el pare—. La veritat és que aquesta festa ha estat força estressant per a tu, Isadora.

—NO! —van tornar a cridar tots.

—Si us plau, no canvieu mai —va suplicar la Zoe—. Isadora, t'estimem a tu i a la teva família tal com sou.

—Sí, i tant! —va dir l'Oliver—. Ens encanta que la teva família sigui diferent.

—Continueu sent sempre així, si us plau! —va dir en Bruno.

Me'ls vaig mirar a tots i vaig notar que se'm dibuixava un gran somriure als llavis. Em sentia tan feliç! Fins i tot vaig somriure al meu cosí Wilbur.

—Ho dieu de debò? —vaig preguntar—. No us sap greu haver-vos quedat penjats dalt d'un núvol al mig del cel?

—Ha estat molt més divertit que un castell inflable normal! —va dir l'Oliver.

—Sí, però jo ara ja tinc una mica de gana —va dir en Bruno.

—Doncs això vol dir que és l'hora del pastís! —va exclamar el pare.

Capítol CINC

Tots vam seguir el pare cap a dins, fins a la cuina. Al mig de la taula hi havia un pastís enorme decorat amb estrelles, ratpenats i ratlles, i sobre la capa de sucre de llustre, centenars d'espelmes.

—Uf, aquí hi ha moltes espelmes! —va dir la Samantha.

—És com es fa a les festes de fades i de vampirs —va explicar el pare, tot orgullós.

El pare i la mare em van mirar somrient i llavors tots es van posar a cantar.

—Moltes felicitats, moltes felicitats, et desitgem Isadora…

Vaig fer un esforç per bufar totes les espelmes. M'hi vaig estar una bona estona, i al final em van haver d'ajudar.

Tot seguit, el pare va començar a tallar el pastís.

—El pis de dalt de tot és de color vermell —va dir—. Especialment per a vampirs. —En va donar un tall a l'Oliver.

—El segon pis és el de les fades —va dir la mare—. Té pètals de flor i canvia de gust a cada mossegada. —En va fer un tall i el va donar a la Samantha.

—Els altres pisos són de pastís normal per a humans —va dir el pare—. Qui en vol un tall?

Tothom va alçar la mà, però ningú no volia menjar el pa de pessic normal, tots volien un tall de pastís especial de fades o de vampirs.

—És boníssim! —va dir l'Oliver.

—Beu una mica de suc vermell, ja veuràs que és bo —va dir el pare mentre treia un bric de suc de la nevera.

—Aquesta ha estat la festa més emocionant de la meva vida! —va dir la Zoe, molt contenta.

—A mi em sap greu que ja estigui a punt d'acabar-se —va dir la Samantha.

—Ep, i no us descuideu d'agafar una bossa d'aniversari abans de marxar —va dir el pare, que va sortir corrents a buscar-les. Va tornar a la cuina i en va donar una a cadascun dels meus amics.

—Oooh —va dir la Sashi, mentre treia una cosa de la bossa—. Què és això?

—És un paquet de llavors —va explicar la mare—. Perquè puguis cultivar les teves pròpies flors. La natura és molt important.

—També hi ha un tros de pastís —va dir el pare—, embolicat amb un tovalló de paper, tal com ha de ser.

—Mira, jo tinc un tub de gomina! —va exclamar en Bruno.

—I jo una corona de flors —va dir la Samantha.

—A la meva bossa hi ha un tub de pasta de dents —va dir l'Oliver, desconcertat.

—És una pasta de dents especial —va explicar el pare—. Et manté els ullals de vampir ben blancs i brillants. És molt important!

L'Oliver va quedar ben sorprès.

—Però els meus ullals de vampir són de broma! —va dir. Es va ficar la

mà a la boca i va estirar els ullals de plàstic. El pare va fer uns ulls com unes taronges.

—Què...?! —va tartamudejar.

—Me'ls vaig comprar a la botiga de disfresses —va dir l'Oliver—. Només em van costar cinquanta cèntims.

—Cinquanta cèntims?! —va exclamar el pare—. Quina barra!

Tot just s'estava refent de l'ensurt quan va sonar el timbre de la porta. Ja venien a buscar els meus amics.

La Zoe va ser l'última de marxar.

—Adeu, Isadora —va dir, fent-me una abraçada ben forta—. Moltes gràcies per aquesta festa tan bonica!

—Gràcies a tu per venir! —vaig dir de tot cor.

—Fiu! —va dir el pare, que es va repenjar a la porta quan la Zoe va

desaparèixer pel caminet del jardí amb la seva mare—. Estic esgotat!

—Jo també —va dir la mare.

En Wilbur va venir capcot cap al rebedor.

—Jo també me'n vaig, tiets —va dir.

—Ah, Wilbur! —va dir el pare—. Ja no me'n recordava que eres aquí. Gràcies per la teva… ajuda.

En Wilbur semblava una mica avergonyit i no parava de rebregar amb les mans el barret de mag estampat d'estrelles.

—Ehem —va fer—. De res.

Llavors em va mirar.

—Perdona'm, Isadora —va dir de cop i volta—. T'hauria d'haver fet una mica més de cas, avui.

I tot seguit es va esmunyir per la porta abans que jo tingués temps de dir res. Em vaig quedar completament al·lucinada. En Wilbur m'acabava de demanar perdó!

Encara estava impressionada quan vaig seguir el pare i la mare cap a la cuina per desembolicar el meu regal. La mare va obrir l'armari de sota l'aigüera i en va treure el paquet. Vam seure tots a la taula.

—És un regal molt especial —va dir la mare mentre me'l donava.

FELIÇ
ANIVERSARI

—I avui has demostrat de sobres que ets prou gran per fer-lo servir —va dir el pare, somrient.

Vaig començar a desembolicar el paquet llarg i prim. Què devia ser?

—És una… VARETA! —vaig xisclar, saltant de la cadira—. Una vareta per a mi! Gràcies, gràcies! —vaig exclamar, i vaig començar a ballar per la cuina agitant la

vareta perquè sortissin guspires de l'estrella—. És el millor regal de la meva vida!

El pare va somriure i va passar un braç per les espatlles de la mare. La mare va badallar i va repenjar el cap en el pare. Tots dos van tancar els ulls.

—Estem molt contents que t'agradi —van murmurar mig adormits.

En Pinki i jo vam agafar un altre tall de pastís i vam tornar cap a la sala d'estar. Vaig començar a agitar la vareta

pertot arreu, per practicar a fer petites coses. Vaig canviar el color dels globus i vaig aconseguir que un fes una pirueta en l'aire. Després vaig seure al costat de la pila de regals dels meus amics.

—En general, ha estat una festa ben divertida, oi? —vaig dir, mentre em llepava el sucre dels dits.

En Pinki va assentir.

—A veure, hi ha hagut algun moment difícil —vaig dir—. Però crec que al final tot ha sortit bé. Em sembla que els meus amics s'han divertit. Oi que sí?

En Pinki va tornar a assentir i es va arraulir al meu costat.

—Ha estat fantàstic que el pare i la mare m'hagin organitzat aquesta festa tan bonica —vaig dir—. Estic molt contenta que siguin com són. Si fossin diferents, jo no seria jo! I la veritat és que m'encanta ser una fada vampir.

Em vaig posar un regal a la falda i el vaig començar a desembolicar.

—I estic contenta que els meus amics siguin tal com són —vaig continuar—. També són tots molt especials.

En Pinki va somriure mig endormiscat i va badallar.

—Ha estat un aniversari fantàstic —vaig dir—. Però tot i així... em sembla que l'any que ve la festa me l'organitzaré jo!

Botiga de disfresses
OBERT

A la Isadora li encanta disfressar-se.
Quina és la teva disfressa preferida?

Ballarina

Sirena

Dinosaure

Gelat

Princesa

Bruixa

I tu, ets més fada o més vampir?

Fes aquest test per descobrir-ho!

Quin és el teu color preferit?

A. Rosa **B.** Negre **C.** M'agraden tots dos!

En quina escola t'agradaria més anar?

A. En una escola plena de coses lluents on ensenyin màgia i ballet i a fer corones de flors.

B. En una escola esgarrifosa on ensenyin a volar, a ensinistrar ratpenats i a portar els cabells superclenxinats.

C. En una escola on tothom sigui totalment diferent i interessant.

Quan vas de càmping, què fas?

A. Muntes la tenda amb un cop de vareta màgica i te'n vas a explorar els voltants.

B. Muntes el teu llit plegable amb dosser i t'allunyes del sol.

C. Vas al mar a banyar-te i et diverteixes fent unes bones esquitxades.

Resultats

Majoria de A:

Ets una fada ballarina brillant i t'encanta la natura!

Majoria de B:

Ets un vampir amb capa elegant i t'encanta la nit!

Majoria de C:

Ets meitat fada, meitat vampir i totalment única, com la Isadora Moon!

Harriet Muncaster

Harriet Muncaster, ai, aquesta soc jo!
Soc l'autora i la il·lustradora
de la Isadora Moon. Sí, de debò!
M'encanten les coses petitones,
tot el que tingui estrelles
i qualsevol cosa que brilli.

ISADORA MOON
va a l'escola
Meitat vampir, meitat fada, totalment única!
Harriet Muncaster

ISADORA MOON
se'n va d'excursió
Meitat vampir, meitat fada, totalment única!
Harriet Muncaster

ISADORA MOON
celebra el
seu aniversari
Meitat vampir, meitat fada, totalment única!
Harriet Muncaster

ISADORA MOON
va al ballet
Meitat vampir, meitat fada, totalment única!
Harriet Muncaster

Descobreix
un munt
d'històries
màgiques que
t'encantaran!

ISADORA MOON
va a una festa de pijames
Meitat vampir, meitat fada, totalment única!
Harriet Muncaster

ISADORA MOON
i les manualitats màgiques
Meitat vampir, meitat fada, totalment única!
Harriet Muncaster

ISADORA MOON
i les disfresses màgiques
Meitat vampir, meitat fada, totalment única!
Harriet Muncaster

ISADORA MOON
i l'encanteri màgic
Meitat vampir, meitat fada, totalment única!
Harriet Muncaster

ISADORA MOON
i la nit màgica
Meitat vampir, meitat fada, totalment única!
Harriet Muncaster

El diari secret de la
ISADORA MOON
Harriet Muncaster

ISADORA MOON
va de viatge
Meitat vampir, meitat fada, totalment única!
Harriet Muncaster

Diversió i jocs amb la
ISADORA MOON
Meitat vampir, meitat fada, totalment única!
Harriet Muncaster

De vacances amb la
ISADORA MOON
1r de primària
Un quadern de vacances per a un estiu diferent
Harriet Muncaster

De vacances amb la
ISADORA MOON
2n de primària
Un quadern de vacances per a un estiu diferent
Harriet Muncaster